조병하 시집

잊을 수 없어 그리운 것들

문학공동체샘물

샘물시인선 007

잊을 수 없어 그리운 것들

발 행 일
초판1쇄   2025년 10월 30일

지 은 이   조병하
펴 낸 이   김운기 임화자
펴 낸 곳   문학공동체샘물
디 자 인   곽효민
마 케 팅   안희주

등 록 일   2025년 2월 19일
등록번호   제2025-000030호
주   소   수원시 팔달구 화서문로 35, 3층
전   화   031-269-9991
팩   스   031-241-2322
전자우편   saemmul25@naver.com

ISBN 979-11-995594-0-0

잊을 수 없어 그리운 것들

조병하

2025
샘물시인선 007

시인의 말

삶의 수레를 굴리며
시는, 내 생각과 감정을 배출시키는 통로이다.
한 권의 집을 지으며
아직도 미완성인 나
꽃들과 새들에게 안부 물으며
그들이 전해주는 말과
눈빛으로 느끼는 것들을 옮겨본다.
옆에서 함께 해주신 문우님들
항상 용기를 심어주신 교수님들께 진심으로 감사드립니다.

2025년 가을, 조병하

잊을 수 없어 그리운 것들

차례

❀ **시인의 말**

❀ **1부 ― 시속에 행복 증후군이 산다**

2부 — 잊을 수 없어 그리운 것들

3부 — 자연은 나의 텃밭

4부 — 사물이 내게 말을 건다

5부 — 벽화를 그리는 여인

1부

시속에 행복 증후군이 산다

숲속의 화공

잘게 부서지는 햇살 아래
오름에서 기다리는 자작나무숲
화려한 이파리들 춤사위가
늙은 화공의 화선지 속으로 뛰어든다

가슴 뛰는 휘파람새 숲을 울리고
산비둘기 추임새를 그릴까
이젤 위로 떨어지는 안개비를 그릴까
개울물 반주 소리에 취하는 눈빛

오늘 그리지 않으면 어떠랴
이곳이 한 폭의 수채화인 것을
붓끝에 매달린 구도 안에
천천히 스며드는 언어들
살포시 건져 올려 시 공간에 그려 넣는다

느린 보행

나무 안쪽, 소리가 살고 있다
딱딱 다다닥
자그만 구멍으로 번뜩이는 눈빛
날카로운 연장의 부리는
둔탁한 소리 되어 메아리로 울고
겨우 눈뜬 연두를 물고 흔든다

아직은 스치기만 해도 시린 바람 끝
홀로서는 둥지엔 허기가 맴돌고
경계를 쌓아가는 안과 밖
숨을 불어넣는 딱따구리 노동은
여전히 알 수 없는 안개 속인데
묵묵히 걸어온 삶의 안쪽
느린 보행으로 나무 언저리 맴돌며
봄을 깨우는 소리에 시 한 줄을 줍는다

움

겨우내 잉태한 움
발소리에 놀랄까
살금살금 다가가네
산허리 돌아드는 바람은
시심으로 파고들고
건네주는 시제는 가시 두릅
봄을 깔고 앉은 쑥 향은 동사를 부르고
벌름벌름 코끝으로 형용사 스며드네

봄의 외출은 꿈이었을까
계절의 언약을 불사르고
가시 끝에 목을 꺾는 너
잎 푸른 날 거친 호흡 뱉어내던
너의 어매를 똑 닮아간다고
바람이 일러주고 지나가네

부부 나무

휘파람새 울음, 반겨주는 작은 숲길
발바닥 간질이는 흙의 감촉에
한 몸 되어 거닐던 그 길
어쩌다 굽은 길 가려 하면
지름길 슬며시 일러주던 솔바람
싱그러운 풀 내음 내 안으로 스며들고
욕심내지 말라고 조잘거리던 개울 물소리

이제, 잘 자란 씨앗들 모두 떠난 숲
어깨 위로 살가운 손 어루만지며
빈 곳을 바라보는 부부 나무
중간쯤 오르다 마주 본 눈빛
힘들게 왔어도 정상까지 함께 왔다고
계절 따라 떠나는 어스름 내리막길
가벼운 배낭에 위로를 나눠지며
선홍빛 하늘로 하루가 진다

호숫가의 책

고요를 깨우는 청계 호수 물새들
빗살무늬 물 주름 겹겹이 드러내고
어미 품 철없는 끼로 비상하는 날갯짓

혹독한 가르침은 칼바람 등에 업고
엉킨 발목 절룩이며 홰를 치는 어미 마음
물갈퀴 후비는 몸짓 숨 고르는 춤사위

깊이를 탐색하는 안면 바꾼 물 밑 세상
살얼음 백지 위를 내딛던 걸음으로
시어를 써내려 가며 튀어 오른 물 알갱이

온몸에 열병 돌아 헤매는 몽환 한 줄
흘러드는 물살에 문장 하나 젖어 들면
시혼에 잠긴 그 뭇별 건져볼까 화색 돈다

아낌없이 주는 가을

산길을 내려오며
햇살에 물든 낙엽을 줍는다
가시 입 벌려 쏟아지는 알밤을 줍고
다람쥐 눈치 보며 도토리를 줍는다

언제 성난 비바람이 있었냐는 듯
풋내 머금던 시간 사그라들고
책갈피 속 묻어둔 낙엽 들추며
시 한 수를 줍는다

힘들었던 시간 지나가고
그저 아낌없이 익혀 내려주는 가을
눈 지그시 감고
낮은 곳을 내려 보며
물들어가는 황혼을 줍는다

연두의 첫 잎

찻잎을 따는 손길
말리고 덖으며
풋내와 체온을 비벼
숨결을 불어 넣는다

찻물을 우려 본다
지그시 눈을 감고
지난날 봄꽃으로 연을 묶던
찻잎의 눈 맞춤

식지 않는 설렘처럼
고된 시간 은은하게 우려 주던
그 밝은 낯빛
이제 마주 볼 수 있는 여유
나란히 놓인 찻잔에
꽃물로 내려앉는 노을

봄을 데려온 아이

등굣길 망설이는 짧게 자른 단발머리
물려받은 헌 교복, 가슴이 설레고
운동복 사주시며 짠한 마음 숨기시고
세상을 다 가진 듯, 주름 펴는 어머니

늦은 하굣길에 멈춰 선, 별 하나
먼발치, 좌판 위에 풀 물든 어머니 손
응석도 호사인 듯 새 옷 반환하는 어린 눈빛

"세상에 네가 바로 봄꽃이구나"
어린 손에 돌려주는 지폐 한 장
가슴에 안겨 오는 운동복이 울먹인다

봄을 한 아름 데려온 아이
"둥글게 자라서 큰 나무 되어라"
다시 돌아보는 저 밝은 봄꽃

야영

수면 위로 밀려오는 물그림자
내 어깨를 짚고 가는 강바람
한낮 덫을 놓은 투명 어항 속
피라미 꺽지, 한눈팔다 잡혔을까
설렘에 들어 올리면
고물고물 다슬기 기어 나오고
강물에 아랫도리 흥건히 젖어 든다

땅거미 스멀스멀 노을을 덧칠하고
동심으로 취해오는 백발의 소녀
달빛 잠긴 강가에 주저앉아
주절주절 수다를 늘어놓는다

잠을 놓친 별들 사이 하품이 쏟아지고
강물도 들녘도 잠이 드는
야영의 밤이다

사과밭 노총각

애지중지 키운 수벌
책보 싸서 서울로 보냈더니
어느새 사십을 훌쩍 넘겼구나
유정 천리 불러대는 아비의 술주정이
징하게도 보고 싶은 꽃봉오리
어찌하여 수많은 꽃 무리에
그 한 송이 못 찾느냐
맨주먹에 느그 어미 업어 왔거늘
윙윙대며 꽃가루 묻혀 보렴
주름 꽃 피는 어미 귀가 근질근질
오늘은 좋은 소식 있으려나
까치가 날개 치며 울더니만

마당으로 들어서는 수줍은 꽃 한 송이
사과향기 따라 수벌 손을 잡고 왔네
상견례는 웃음바다 날개 치며 모여 앉아
온 집안 벌 꽃가루 쏟아내듯
어미 얼굴 발갛게 꽃물이 드네

지렁이의 길

메마른 고샅길에 어찌하여 나왔을까
가뭄에 소나기 한 모금 간절한데
땅 밑에 눅눅한 기운
장마인가 속았구나

눈과 귀 가려진 채 등줄기 말라가고
허연 배 둥싯둥싯 산책길에 밟힐까
바람 앞 놓인 등불처럼
한 치 앞 애처롭다

세상에 뿌리내린 그 용기 가상한데
흐느적 늘어진 몸 나뒹구는 고된 하루
온몸에 상처만 남은
기나긴 여정의 길

세월의 패

달보드레한 커피 향에
살포시 눈치를 던지는 노치원
이마엔 갈매기 주름 훈장
쌍피 한 장 걷어 올릴 때마다
곁눈질로 노려보는 눈꼬리
광파는 재미에 어깨가 으쓱으쓱
피든 광이든 물어오는 순이 엄마
손바닥에 계절이 깔리고
수줍던 매화가 패를 던진다

질투 많은 산수유 패
고귀하고 화려한 목련의 패
흰머리 뒤집어쓴 이팝나무 패
서로 봄이라고 우기는 그 순간
주름 꽃 활짝 피고
누군가 던져준 패가 있어
세월의 패를 던지는 그들

마주 보며

진열장에 갇혀 잠을 자는 솔잎
유리병에 오랫동안 가두었다

코로나에 갇혀있는 주름진 웃음
누렇게 변해버린 푸른 잎처럼
저렇게 내 안에 갇혀
말갛게 우러난 술 절임 같은 당신
혀끝으로 느껴오는 묘한 맛
솔 눈의 향기로 채워
자존심을 세워준다

후끈 달아오른 벽난로 속
말랑말랑 익어가는 군고구마
톡 쏘는 동치미
마주 앉은 긴 겨울밤
옛 생각을 꺼내 놓는다

거미 손님

천적 없는 고층이라고
어디선가 다가오는 너
긴 밤 촘촘히 엮은 덫, 엿 볼 때
걸려들 미끼가 이슬에 숨어
순간 잡힐 듯, 찢겨나간 허망한 그물

산다는 게 그렇게 고된 걸까
끼니 거른 하루를 물고
새집을 설계하는 분주한 몸짓
오색 햇살로 엮어 내린 투명한 세상
그런 시어로 그물 짤 수는 없을까

허공에 걸린 네 목숨줄
바람에 흔들릴 때마다, 부질없이
내 맘에 네가 들어와 산다

범선, 부두에 눕다

한 폭 그림처럼 묻머리 딛고 선
늙은 범선 닮은 궁전 카페
바다를 호령하던 선장은 간곳없고
찢겨나간 돛폭 사이로
스산한 바람만 드나든다
파도 소리 타 마시던 커피 향기
한껏 멋에 취한 선실 밖 풍경은
뱃고동 소리마저 숨을 죽인다

어느 거간꾼이 바람을 잡으려 했을까
회한의 소주병만 갯물을 토해낸다
등대만 바로 보았더라면
항로는 잃지 않았을 것을
누가 저 범선의 돛을 올릴 수 있을까
사나운 파도가 뺨을 할퀴고 지나가도
깊은 잠에서 깨어나지 못하는 빈 여객선

그해 겨울

얼음꽃 핀 강물 위로 숨구멍 내고
소맷부리 걷어붙인 자그마한 손
얼어붙은 빨래, 서걱서걱 눈물 자르면
서러움을 달래주던 발 시린 갈대

혀끝에 밀어내는 껄끄럽던 수제비
비린 맛 그리워 젓가락 투덜거리면
강물 웅덩이에 언 발 드나들고
어쩌다 눈먼 말조개 건져 올리면
노릇노릇 구워주던 아버지 손길

유유히 흐르는 예당 저수지
수면 아래 아버지처럼 서 있는
미루나무 그림자
추위도 모르고 뛰어놀던 자그마한 발
이제 이곳에 듬직한 발바닥을 재고 있다

2부

잊을 수 없어 그리운 것들

보낸 뒤

멈춘 손 우두커니
참기름병 세어보고 또 세어본다
객지 나가 잘 여물어온 맏이
부족한 듯 덜 여문 막내
더 채워주지 못해 아쉬운 큰 손

한 병씩 나눠 담으며
보내야 할 보따리 싸놓고 보면
텅 빈 그릇만 덩그러니
제자리로 들어앉는 그릇들
꺼내 놓으면 달그락달그락 북적거리던 한때도
보낼 땐 허탈한 마음만 따라나선다

등 뒤로 멀어져가던
그 막연한 그리움의 시간들
이제야 알 것만 같은 어머니 큰 손

모성애

풀숲 웅덩이 장대비 쏟아지는데
쪼그려 앉아 비를 맞는 까투리
풀 베며 다가오는 번뜩이는 낫
깃털 속에 빗물 들이쳐도
미동 없는 저 녀석, 왜 떠나지 못할까
우산 속 숨죽이며 마주치는 눈

그때, 날개 속으로 품고 있는 것들
보았다, 여섯 개의 생명
금방 부화할 것 같은
저 어린것들만 아니었다면
벌써 숲으로 날아갔을 것이다

젖은 생각들을 벗어 걸어놓는다
아마 마르지 않을지도 모른다

못의 담론

구부리며 반항하는 너
제 본분을 잊은 듯
삐딱하게 직선을 비튼다

너의 표현은 불만이 많다는 것
팽팽한 각도로 신경전을 벌이지만
달래보는 항변의 마찰 더욱 중심을 잃고
마침내, 나무는 우지끈
벌어진 틈새로 외마디를 지른다
한 몸으로 공존하며 못을 껴안는 나무

아버지 가슴속에 못질하던 말
그 마음 모른 채
박아놓은 못 같아 머리 숙인다

넥타이

노릇하게 구워진 토스트 한 쪽
야채즙에 마른 목을 적시며
아침을 가다듬는 당신
깔깔한 입맛에 약 한 알 챙겨 먹고
와이셔츠를 입는다

거울을 마주하고 넥타이를 매며
오늘을 시작하는 당신의 하루
푸른색과 자주색 넥타이에 아들과 딸이
핑크색에 아내가 있다

꾹 눌러오는 무게 위로 번갈아 매어보며
목을 세워보는 가장의 자존심
그 어깨 위에 세 개의 밥그릇 올려놓고
늘어진 나이 불안해 서두르는 출근길
헐렁이는 넥타이를 다시 조이며

에움 길

에워싼 비탈길
감고 돌아 길을 내고
에둘러간 흔적마다 딛고 가는 발걸음들
산허리 뒤돌아 온들 숲속은 한 몸이라

등뼈 같은 길이라고
마음에 새기지만
저만치서 굽어보며 내려 본들 한 길인 걸
녹아든 실개울 소리 품속으로 찾아들고

접어든 샛길에서
실눈 뜨는 곁가지들
만나고 또 만남은 여전히 원점인데
더듬어 뒤돌아보는 아득했던 삶의 길

마지막 비상

어둠이 번져오면
가슴에서 우는 산 비둘기
새는 날아가는 것이 아니라
날아드는 것이다

날개 하나로
세상을 감싸안고
모진 세파 버텨내며
이제 편한 곳으로 몸을 뉘려
먼 곳 떠나는 길

내가 누구냐고 애타게 물어봐도
가슴만 들썩이는
구순의 어미 새

기일

눈꽃 사붓사붓 산등선을 날고
지난해도 올해도 찾아온 여기
저 발자국, 누가 먼저 다녀갔을까
내일 기일인데 해외여행 갔다고
마중 나온 산까치 날개 치며 일러주네

안산 능선 너머 뭇별들 기웃거리면
군불 연기 속으로 아른거린 쪽 비녀
바람 끝 달래며 먼 길 떠나시던 날
그 모습 아련히 보일듯한데

상석에 새겨놓은 그리움 하나
가슴에 피어있는 시들지 않는 꽃
포 한 접시, 술 한잔, 허리 굽혀 올리고
속 이야기 나누며 내려오는 길
언 볼 만져주는 바람결에 홀로 생각 머문다

모정

우사는 새벽을 흔들며 어수선하다
겨우내 어미 품에 재롱떠는 어린 너
길 떠나는 피붙이
잔뜩 불은 젖 물리고 목이 멘다

세상 쓴맛 알 수 없는 어린 네가
우시장 동행하는 낯선 바람길 따라
마실 가듯 촐랑대는 방울 소리
차마 끈을 놓지 못하는 어미의 절규

입대하며 철없이 울던 녀석
텅 빈 부모 마음 이제는 알까
어미 소 울음소리 가슴으로 뛰어든다

김장하는 날

입동 지나면 뒤 곁 항아리 자리 잡고
양지바름에 무청 시래기 매달리면
입담배 뻐금대다가
그릇 뚜껑이고 벌서던 유년

노란 속 저고리 푸른 치마폭
하얀 짠맛에 숨죽여가고
개울가 물살 위로 노란 잎 씻기어 가면
아삭아삭 단맛 감돌고
바지게 등허리에 수북이 업혀온다

손맛 버무려 항아리 불러오면
구둘 방 둘러앉아
겉절이에 고구마 걸쳐 먹던 손맛
집 떠난 김치통들 모여드는 날
지난날 꾹꾹 눌러 담아주던
어머니 큰 손이 아른거린다

아버지의 노래

까칠까칠한 터럭들이 눈을 뜨면
바지게에 모판 지며 닳아버린 손
저녁놀에 논물을 재고 계셨지

졸랑졸랑 뒤따르던 논두렁 길
품으로 뛰어들던 작은 계집아이
작대기 장단에 귀 울리던 콧노래
바람 꽃비 날려 나비야 춤을 추어라
흥얼흥얼 뱃구레를 달래주셨지

허기가 매달린 가장의 어깨, 족쇄였을까
나락 한 톨 잉태하던 인고는
쓴 약을 삼키듯, 홀로 서던 애착 같은 삶
나락 가리 둘러보던 울 아버지
북쪽 하늘 어릿어릿 그 음성 들리는 듯
하얀 발자국만 남겨놓고 가셨네

콩깍지 속 오 남매

구기자 이랑을 붉게 수놓던 그곳
칠갑산 잉태 바위
공들여 낳은 다섯 손가락
콩 줄기마다 눈물 끝을 자르며
서울 쥐가 되어라, 등 떠밀던 어머니

마음 심어놓고 떠난 푸른 콩잎들
콩 빼먹는 까치는 알까
시골 쥐로 싹 틔운 속울음을
아쉬운 삶의 한 페이지만 남겨놓고
어머니, 콩밭에 묻혀 싹트지 않네

어느새, 시간의 속도는 달려가고
잘 여물어온 콩깍지 속 오 남매
가슴 설레며 집 나갔던 꿈들이
콩밭 이야기들로 영글어가네

어머니

어머니는 목침을 베고
고된 하루를 눕힌다
뱃길을 가르듯
곧게 뻗은 가르마 아래
둥글게 돌려 맨 쪽 머리

가끔 내뱉는 숨소리는
쪽 섬을 향해 달리고
오랜 세월 섬을 지킨 쪽 비녀
만선이 꿈을 싣고 파도를 탄다

코 고는 소리에 쪽머리 섬은
잔잔한 파동을 치고
멀리 샛별은
등을 토닥이며 능선 위를 오른다

두부 꽃

콩밭 속 땀방울들 여물어가고
도리깨 매질에 구르는 메주콩 씨 톨
불볕 타작에 나뒹굴며 가을을 주워 담네

땅거미 어둠 속으로 숨어들고
솔바람이 돌려주는 맷돌 소리
간수 물에 도란도란 내려앉는 별꽃 무늬들
찬 이슬 덮어가는 달빛, 환하게 물들이네

졸음 겨운 국화 송이 우물가로 빠져들고
몽올몽올 피어오른 순두부 꽃
객지 나간 자식들 영상으로 불러내어
한 그릇씩 퍼담아 전송하는 어미 마음

유년의 길목

슬픔을 만져본다

구기자 이랑 너울거리고
거친 꼬막손들 꿈이 자라는 곳
꽃고무신 사달라고 속앓이하던
열네 살, 가슴에 별이 떨어지던 날
안개 속 달빛도 흐느끼며 밤을 밝혔다

눈물 삼키며 어둠을 삭이던 밤
슬픔을 만져 보지 못했던 오 남매
나는 보았다
꽃상여가 쏟아내던 눈물을
허공 속 문이 닫혀가던 날
밭둑에 주저앉아 혼자 울던 곳
손등에 그렇게 핏물이 들었던 아픔
그 손길 와 닿는 듯
붉다가 이지러진 구기자 이랑엔
아버지 그림자만 서성인다

피붙이

마른 가슴으로 미로의 출구 두릿대는
오이지 같은 손
삐뚤삐뚤 받아 적은 꼬부랑 아파트 이름
지나는 인심 뒤통수만 보이고 돌아서네

올망졸망 들려진 비닐봉지
참기름 김치 냄새 눈치 보며 외면해도
주머니 속 꼬옥 꼭 넣고 다니는
고 녀석들 웃음꽃 아른거려
첩첩 솟은 아파트 숲 절룩이며 찾아가네

허기를 돌돌 말며, 밥 줄이던 논밭을
훌훌 털어 내준 시간 무거운 생존을 끌고
퇴근길 기다리는 백발의 노모
묻어둘 눈물이 더 남았을까
기적소리 멈춘 발길 들뜬 가슴 누르며
긴 한숨만 싣고 떠나네

반상기

다락방에 갇힌 손때묻은 그릇들
그 안에 말갛게 비추는 어머니 얼굴

오 남매 도란도란 밥상에 둘러앉으면
국그릇 속으로 달이 뜨고
밥그릇에 뛰어들던 풀벌레 소리
앞자락에 들러붙은 밥 티가
초 저녁 별처럼 빛나던 유년

아욱국을 잘 끓이는 큰 그릇
정이 듬뿍 담긴
둘째, 셋째 막내 종지까지
어릴 적 기억을 담아내는 손맛
오래도록 내 가슴에 식지 않는 밥상

멀리서 기웃거리는 새벽달
웃음꽃들 돌아보며 산 능선을 넘는다

나 어릴 적

고무신 벗어 송사리 잡던 아홉 살 아이
물살에 빨랫감 놀잇배 삼아
물장구치던 실개울
푸른 이끼 돌 밑에 웅크린 가재가
집게발을 세우던 여기 그대로였습니다

강낭콩꽃 주렁주렁
멍석에 벌러덩 누워 별을 세던 곳
보리밥에 으깬 감자밥
껄끄럽고 맛이 없어 울던 그 아이
김장독 붉게 물들이던 어매의 손맛도
헛간의 닭똥 향기도 그대로였습니다

나른한 봄볕은 싸리문을 기웃거리고
멈추어 가는 필름 한 조각 같은
아홉 살의 기억을 엮어 봅니다

3부

자연은 나의 텃밭

꽃비

싸리꽃 눈부신 샛골 산비알
봄볕 풀어 놓은 엄니 품 같은 곳
겨우내 잉태한 여린 봉오리
어미의 혹독한 산고에 눈을 뜨고
새벽안개 모락모락 산자락에 봄을 찐다

봄바람이 보내오는 연록 초대장
둥굴레 잔대 싹 곰취 참두릅
색색 고명으로 얹어놓은 비빔밥 향기
재잘재잘 박새 날개 야문 춤사위
꽃비들 봄맞이 공연 중이다

마주 보는 풍광, 한 폭의 그림인 듯
나붓나붓 내려앉는 꽃 이파리
저 바람결에 내 꽃잎도
가까이 날고 있을까

탱자꽃 피면

솔바람 비켜 가며 가지에 걸려든 달
넘지 못한 가시 담장 밤마다 애태우며
말없이 숨어서 보던 아쉬운 그 눈빛

속내를 들킬세라 달빛에 미소 띄워
오가는 길목마다 목 늘이고 내민 꽃술
찔려도 덜 여문 가시 멀미 앓던 열다섯

철없이 들뜬 가슴, 볼 우물 부풀던 날들
맥박 뛰던 시월에 뜨겁던 마음 한 자락
탱자 빛 익어갈 때쯤 곱던 모습 실어본다

민들레

어쩌다 돌 틈새로 끼었을까
야무지게 군락 이룬 키 작은 땅꼬마
눈부시게 부푼 꽃 등
하얀 눈물 삼키며 쓰디쓴 피를 토하네

바람의 칼날 앞에
서글픈 결별인 듯
압정처럼 박히어 꽃봉오리 꺾인 채
애처롭게 밟혀가는 네 모습

출가한 빈 둥지
허전한 미소인 듯
벼랑 끝에 욕망의 홀씨 키우며
척박한 삶 이어가는 키 작은 민들레

칡

스스로 서지 못해
넝쿨손을 휘감는다
다리 없는 설움으로 여름 숲을 헤매고
팔 벌려 힘줄 늘인 채 목을 틀어 오른다

고목의 등껍질에
푸른 잎 너울대며
벌어진 돌 틈새로 양분 얻은 눈물 줄기
이웃을 감아 오르는 그 천성이 타고난 것을

가시 없는 흙살 위로
잉태한 숨결처럼
산기슭 뒤적이는 촌부 등에 생기 돌고
네 영혼 약초로 뭉쳐 혀끝으로 감전된다

숲의 하소연

산에도 귀가 있다, 늘 그 자리에서
높고 낮음을 한 번도 탓하지 않는 너
천둥번개 밀어내며 제 몸 풀어 길 내고
먼 별들의 하소연도 묵묵히 들어준다

산에는 숲의 마을이 산다
골짜기마다 생명들 꿈틀거리는 넉넉한 품
내 부모님 함께 계신 그곳
가깝고도 멀리, 누군가 기다리며
어쩌다, 저 웅장한 산이 되었을까

비바람 달래며 혼잣말 쏟아내는 산
쓰린 생채기 다독이며
제 발등에 풀꽃을 심는
산울림 심장 소리를 듣는다

억새밭에서

너는 안다
그리운 사람
바람 따라 떠난 것처럼

나도 그렇게
그리움 놓고 떠난다는 걸

한끝이 펴졌다 접히는 삶
잘려 나간 인연은 아픈 가위질일까

시간을 자르는 잔인한 결별 앞에
발부비는 억새 소리 가슴 시리다

대추나무

녹슨 대문을 가만히 밀어본다
빈집인 듯, 달려온 바람이 쉬고
봄을 건너와 상처 아문 옹이들
노쇠한 잔가지들 길손을 반긴다

가을을 따먹던 해묵은 대추나무
올해도 늙은 몸피만 불려가고
낡아버린 지게 위 흩어지는 신음소리
작대기만 기댄 채
혼술 부르던 술병들만 나뒹군다

혼자 남겨진 채 목 늘인 기다림은
세상의 무게에 휘어지던
울 아버지 등뼈 같은 대추나무

부추꽃

이슬, 살포시 다녀간 부추밭
봄볕 햇살이 따듯해지면
밭두둑 가슴 열고 살짝 내민 초록 눈
통통한 쪽수 뿌리는 꿈틀거리고
키재기를 하는 것처럼 쏙쏙 부푼다

파릇파릇 올라오는 저 힘
바람이 흔들고 지나가면
봄을 베러 나온 칼날 앞에
싹둑, 잘려 나갈 때마다
폴딱폴딱 넘나드는 청개구리

숨죽여 피는 이치는 알 수 없지만
아픈 숨결로 단단히 여문 꽃대
내 안에 펴놓은 푸른 결들 사이로
하늘이 풀어놓은 봄 들판
초록 물 번진다

들국으로 피었네

가만히 만져 봅니다
손등으로 내려앉는 가을 햇살을
낮달이 숨어보던 골 깊은 가르맛길
별 등 하나둘 매달던 그곳

서늘한 바람이 불어옵니다
채색되어가는 들국의 눈빛으로
들꽃 한 아름 꺾어주던 애틋한 체온
짓궂게 놀려대던 그 머슴아이
바람결에 다가와 귀엣말 주고 갑니다

가슴속 뛰놀던 고향 길 냇가
희끗희끗 정수리에 서리꽃 피어나고
까르르 웃음소리 들리는 듯
저만치 가다 뒤돌아보면
걸음걸음 앞서가며
그윽한 꽃등을 밝혀 줍니다

매화

토담 무너져 가는 함석집 텃밭
묶은 가지 겨드랑이 꽃눈을 뜨고
핑크빛 망울 머금은 여인 있었네

삼월 한낮 몰려드는 박새 소리
허기진 배를 달래고
고무신 뒹굴던 묵은 밭고랑
두엄 피던 삽자루 던져 버리고
작대기로 지게 장단 맞추던 그늘

우듬지 지키는 매화 한 그루
떠난 사람 돌아올까, 먼 산을 보며
잠 못 이루는 통 바람 소리
하얀 잔설 흩날리던 날
사라지는 매화 향기
고목의 허리가 잘려 나가네

빈집의 오후

토담 무너져가는 마당가
머윗잎 무성한데
온기는 간데없고 바람만 들락거린다

넌지시 울안을 들여다보는 발걸음
곧게 세운 머위꽃, 이 집의 터줏대감
주인 잃은 그날부터 객식구들 모여들고
분주한 개미 행진 빈 곳간 채워간다

어느새, 어둠 파는 생쥐 은밀한 미궁을 짓고
날쌘 바퀴벌레
주방 구석에 한 살림을 차렸다
바람의 꼬임에 이사 온 풀씨, 영역을 넓혀가고
평수를 늘려 달라 시위하는 담쟁이

바람 자면 돌아오려나
기다리는 머윗대 하얀 눈물
늙은 오동나무 그늘이 덮어가는
다세대 주택

우수 무렵

마늘 텃밭 양지 끝에
초록 올린 씨 톨 하나
덧집 밑에 마늘 촉은
옷깃을 풀어 젖힌다

보리 순 뿌리 밑에
얼음꽃 어석어석
바람 끝에 버들눈 머리 흔들고
살얼음 발밑으로
개울 물소리 내달린다

긴 겨울
소식 없던 당신을
바람결에 마중 나가며
산수유 볼에 입 맞추는 봄

봄 마중

밥상머리 마주 앉은
촌부는 말이 없다
단맛 신맛이
서로 다르기 때문이다

꽃다지 쑥부쟁이 나물들이
봄의 입맛을 불러내고
부엌 한편 조물조물 무쳐내는 손
간 좀 봐달라고 슬쩍 부른다

겨우내 삐져있던 입맛
봄나물 덕분에
입가에 활짝 핀 봄꽃

시월 벚꽃

팔달산 가파른 길
숨 고르며 걷노라니
땀방울 젖어 드는 시어들 재잘거리고
잎새 사이 터질 듯 부푼 꽃망울들
연분홍 입술 내밀었네

새순 돋았는가 싶었는데
어느새 갈 옷 갈아입은 벚나무
꽃잎 살랑이며 눈길 주는 그 자태
꿈을 꾸는 나비인 듯
환영같이 다가오네

계절을 잃었을까
기억을 잊었을까
다가올 찬 서리에 꽃 울음 물고
시월의 시어들 한가득 품고 있네

가을을 따며

못난이 사과를 들여다보며
인물값도 못 한다고 구시렁거리다가도
깎아 놓고 보면 상큼한 가을 맴도는데
꼭 껴안았던 일 년 농사 허무하네

꾹 눌러 담은 사과 상자
큰돈인 것 같지만
운동화 한 켤레도 못사는 것을
등록금 보태줄까 망설이다
다시 돌아보네

잘 익은 사과 상자 실려 나가면
출산한 산모처럼
허탈한 나무의 몸짓들
넉넉히 잘 받았으면 하는 마음도
트럭에 실려 나가네

고사리 군락

할머니 넋두리가 들리는 듯
발길 잡는 야산 무덤가
비문을 한두 구절 읽어본다
태어난 날에서 죽는 날로 줄어드는 곳
온갖 지위와 재물은 간곳없고
혼을 보내며 백으로 누워있는 죽음들
솜털 뒤집어쓴 고사리손 오싹해지고
상석은 지나온 날들을 무겁게 누른다

홀연히 떠나가는
의미 잃은 삶의 존재들
할미 가슴에 못 박던 말들, 차분히 숙연해지고
수없이 허리를 굽혀 얻을 수 있는 너
꺾이고 꺾이어도 겸손을 일러주려
고개 드는 고사리들

겨울 손님

덕유산 향적봉 쉼터
별꽃처럼 내려앉은 성에 꽃
꽃으로 승화한 눈꽃 아씨
말긋말긋 바라본다

상고대 가는 길목
눈보라 군무에 목화솜 휘감은 듯
고사목 손짓하고
가지마다 붓 터치로 그려놓은
마중 나온 서리꽃에
설경을 타 마시는 차 한 잔

하늘 문 열리면
햇살 물고 숨을 끊는 이별의 순리
아슴아슴 멀어지는 겨울 손님
그리움 안고 눈썹으로 내려앉는 너의 미소
마음에 그림 한 폭 남긴다

4부

사물이 내게 말을 건다

의자

길섶에 버려진 채
맨살로 드러누운 너
칡넝쿨은 정맥을 타고 감아 오른다

온기 없는 심장이 뜨거워지듯
푸른 수액 오름이 들려오고
슬며시 기어오르는 것들을 본다

날개 접은 나비도 쉬어가고
목이 꺾인 들꽃도 기대어 앉는 한낮
생의 한 페이지를 엿보는 나른한 몸

기꺼이 비워주며 내려놓는 하루
수풀 속을 헤쳐 온 바람이
노곤히 앉아 졸고 있다

오이도

이곳에 오면
주거니 받거니 리듬 타는 파도 꽃
뒤따라온 갯바람 바다와 뭍의 경계를 지운다

하루의 시작은 손수레의 포장을 푸는 일
두리함지박에 엉겨 붙은 소라가 뿔을 겨루고
녹슨 어선 위로 꾸덕꾸덕 햇살에 누운 망둥이
늙은 어부 등에 칭얼칭얼 흥정을 건다

펄의 늑골을 헤집는 호미 소리
생을 담금질하며 하루를 보채는 사람들
언뜻언뜻 스치는 수묵화처럼
발자국을 찍어내는 삶의 조각들
이슥토록 갯가를 떠돌며 울부짖는 파도
중얼중얼 하루를 접는다

날 수 없는 공

놀이터 옆, 풀죽은 공 하나
통통 튀는 푸른 공이 부러운 듯
툭 건드리는 지팡이
발밑에 꺾이는 관절이 올려본다

저것도 처음엔
팽팽하게 둥글었던 것을
아픈 상처들 가득 실은 손수레
희미한 낮달을 바라보며
서글픔이 울컥해 온다

공중을 향해 튀어 오르던 시간
놓아 버린 지가 언제인지
심호흡 한가득 부풀려 보지만
온몸을 내던지며 살아온 날들
이제 세 발로 걷는 바람 빠진 공

도마소리

한 공간에 머무르면
잘 맞는 궁합
칼금의 숫자만큼
세월에 잘려 나간 움푹 팬 상처는
괜스레 고여 오는 눈물 같은 것

뗄 수 없는 그 눈빛
마주 보며 들려오던 낭랑한 소리
울 어머니 두드리던 속울음 장단
빗금을 안고 살던 생의 도마였음을

옥수수 속대처럼 꺼끌거리던
연장처럼 닳아버린 무딘 손바닥
코끝이 찡해오는
꺼지지 않는 등불이었지

폐타이어

쓸모없는 것, 주워 온다고
쏜 잔소리에
귀가 시끄럽던 어머니

둥근 밭으로 탄생한 너
그 위에 풋열매 주렁주렁 매달고
쌈 채소들 눈 맞춤 하네

사과처럼 돌려 깎은 고무 밧줄
하우스 기둥을 끌어안고
성난 바람도 꼭꼭 묶어 놓았네

흔들리는 뱃전에 묶여
해풍에 몸 삭아가도
앞만 보고 달릴 줄 알았던 너
원형의 속도를 풀고 나면
아직은 탄력이 남아 있는 몸인 것을

나사

단 한 번 만난 그대와 나
빗나갈까 깨어질까
함께한 시간
통증 시린 밤이면 너를 달래며
휘어지지 않으려
더 꼿꼿하게 자존심을 세웠지

세월 앞에 녹슬지 않으려고
난 체하며 흔들리지 않으려고
비척거리며 한눈팔지 않으려고
모질게 살아온 시간

아래위로 맞물려온 만남
그래, 잘 맞춰진 인연이려니
아삭아삭
생밤을 씹어 보는 임플란트

시장 골목

켜켜이 쌓여있는 물건의 부피만큼
늙어버린 노점상 주인
낡은 간판 위로 지난날 돌아보며
하루 생계를 이어주던 상가들
무게에 눌린 핏기 없는 얼굴에
음지의 그늘이 기웃거린다

질퍽한 시장 골목
식욕이 왕성한 대영마트는
녹슨 셔터를 갉아 먹고
호루라기 소리에 펼쳐놓은 보따리들
쫓겨 다니며 갈 곳을 잃어간다

채움도 비움도 빌려 사는 세입자들
삶의 한 페이지를 피워내는
시장 골목 몸짓들이 분주하다

까만 숲

어젯밤 숲은 왜 그렇게 울었는지
잠든 나무를 깨우고 싶었을 게다
널 뛰듯 삼켜버린 불바다에 넋이 나가고

불꽃 연무 뒤엉켜 사라지는 마을 앞에
화기 품은 농막은 이글이글 열을 품고
뒤 엎힌 화마 속, 우사의 마지막 울음

쩌렁쩌렁 산맥 넘는 금강송 울음소리
어쩌다 까만 옷 갈아입고 절규하는 송이밭
구슬피 울던 산비둘기 외침이 적중했으리

산벚나무 갸웃갸웃 초록을 내미는데
객지 나간 피붙이들 모르게 다녀간 눈물
노모 가슴팍 덴 상처 꾸덕꾸덕 아문다

이끼의 공생

수원천 징검다리 돌 틈으로
두드리는 물살에 봄을 연다
가느다란 음파에
회오리 물 감아돌며
물길 따라 살랑이는 춤사위
벨벳 옷 갈아입고
돌에 피는 꽃
돌멩이 슬하에 물때를 물고
둘러싼 몸피만큼
수백, 수천 마리 피붙이들
안색 없는 포자로 봄을 유혹하는
습생의 푸른 꽃
여정의 멀미에 안착한
돌과 공생하는 밑바닥 생
허기진 다슬기 안테나에 걸려드는
이끼의 한순간을 본다

갯벌 칼국수

물 주름 그리며 밀려 나간 발자국
꼬물꼬물 한눈파는 망둥이
웅덩이 속에 갇혀 버렸네
짭조름하게 배인 비릿한 반죽 위로
뚝뚝 뜯어 만든 펄 수제비
가느다란 칼국수도
가지런히 펼쳐 놓았네

갈매기 날갯짓 가벼워 오면
모시조개 갯물을 토해내듯
세상 이야기, 맛나게 반죽하던 당신
쉼 없이 내어주던 인연의 깊이가
밀물 속으로 젖어 오고
그 웃음, 하고픈 말
펄 수제비 위에 남기려 해도
물너울 속으로 사라지는
아득한 당신의 눈시울

파도 꽃

그저 바라보다 넋을 놓은 하얀 포말들
어쩌면 여름은
내 옆에 그렇게 시작하고 있었다

살갗에 와 닿는 전율은
물꽃처럼 퍼져나가고
밀려오는 물비린내 씻겨나가면
미련을 담아둔 비밀의 속내
문득 되돌아보며
나를 떠난 너의 발길 찾아
걷고 있는 나

파도에 정화 되어 가는 물밑 속으로
조용히 가라앉는 심장 소리
눈빛 맞추며 가슴 물들이던
멀리 있는 그리움

씨 옥수수

한때는 긴 수염 늘이고
겹겹 푸른 옷 입으며 예를 차렸지
촘촘하게 박혀오는 너를 잉태하며
부끄러움 모른 채 덩치가 불어난 몸
한 겹씩 벗겨내 선보이고
못난이, 처마 밑에 매달려
고소한 냄새 풀어놓으면
화롯불 이야기 으스스 귀를 막았지

봄 햇살에 세찬 바람 물러나던 날
이 빠진 네 속대를 밀어내고
마른 맥박은 움트고 싶었을 게다
봄볕에 꿈을 안고 뛰어드는 씨눈들
자갈밭 긁적이는 노모
호미 소리 흙밭으로 드러눕고
푸르게 펼쳐지는 옥수수밭
여름 성큼 다가온다

누렁이

밥그릇 본 척 만 척
근질거린 젖니, 빈 젖 찾아
마른 젖통 지그시 깨문다
매실 따던 대바구니 장에 가려나
마실 가듯 따라나선
철없는 눈망울
주섬주섬 방울 달린 목줄도 동행한다

멀어지는 어미 냄새 잊은 채
장 구경에 하루해가 저물고
파한 장터 등 뒤로 울음 떼 놓고
젖줄 떼고 돌아오는 빈 바구니
낯선 둥지 새 주인 만나 잘 살거라
앙증맞게 뛰놀던 새끼 발자국
불어오는 젖가슴
밤새도록 목 놓아 부르는 울음

선풍기 잠

신열 속에 돌던 날개
도망치는 늦더위
힘들어 때 낀 얼굴 찬바람에 쉬라하고
여름내 지친 그 사연 한숨 소리 멎는다

벌레들 울음소리
야윈 달빛 내밀고
지친 몸 뉠 곳에 동면을 청하려니
몸피에 녹슨 상처는 적막 속의 안식처

열반에 들어서면 그 안에서 감내하고
돌고 돌던 사연 접어 더운 피가 돌 때까지
더위를 접어둔 바람 홀로 잠을 청한다

5부

벽화를 그리는 여인

새벽을 여는

훈김 서린 외양간
젖 물리는 어미 소 울음이
너른 여물 솥처럼 넉넉하다

뿌연 입김 콧수염에 이슬 서리고
콧바람에 실려 오는 두엄 향내
봄 냄새 물씬 풍겨온다

새벽 마실 나온 산안개
스멀스멀 내려앉고
부엌 한편 뜸 드는 밥 냄새가
꼬숩게 풍긴다

아침햇살 한 짐 짊어진
지게 위로 봄이 뛰어든다

겨울이 가기 전에

성에 꽃 피는 아침 창가
찻잔에 겨울을 타 줄
그런 사람 만나고 싶다
그대 향기 은은한 차 한 잔이 그립다

깊어지는 겨울 음미하며
아스라한 황혼의 이야기
오래도록 나누고 싶은 날
술잔에 타 마시는 이야기도 좋고
추억의 그림자를 더듬어도 좋고
눈꽃들 너스레도 좋으련만

사랑이 아니면 어떠랴
하얀 억새 한줄기 머리에 내려앉았어도
아직 노을빛 아름다운데
눈빛 맞닿을 만큼 가까운 사이면

벽화를 그리는 여인

한낮의 그늘을 서로 나누며
따개비처럼 모여 사는 작은 마을
골목 정수리에 불어오는 바람은
통영의 봄을 깨운다
별 아래 고단한 삶
무시로 나타나며 사라지는 욕망
바다에 발목 잡혀 화석처럼 남은 가슴
골목마다 벽화의 꿈들이 뒤척이고

햇살을 담아 이고 오르는 언덕길
일탈을 꿈꾸며 숨어 피는 속 마음
붉은 가슴 내보이는 동백꽃
자연에 순종하는 섭리를
떠나는 배 한 척 바라보며
오늘도 벼랑길에 벽화를 그리는 여인

허공에 지은 집

누가 차올린 낮달일까
퇴직금 노리던 분양 상가
그곳에 노후의 꿈을 묻었다
어느 날 올라가던 건물, 숨을 멈추고
빈 계약서만 허공에 떠다닌다

폐허의 건물 옆
눌러앉은 녹슨 컨테이너 방
김치 한 조각, 라면에 한숨을 얹어 먹는 끼니
공해에 찌든 가로수 등짝처럼
그을린 가슴에 울화가 타오른다

문밖 세상이 어둡던 그는
모래성을 쌓아놓고
가슴에 그럴듯하게 달아놓은 간판들
시공자의 부채에 눌려 꿈은 무산되고
어느샌가 그의 잠은 쪽잠이 되었다

노숙자

가을볕 한 자락 당겨 덮고
그 속에 숨은 얼굴
땡그랑 던져지는 동전 몇 닢에
때 낀 발가락 솜털을 세운다
무료 급식, 점멸등 눈치 아래
수군거리며 굴러온 낙엽들
일요일은 공복이라는 한숨 소리
시린 바람 안고 십자가를 바라본다

빈 입맛에 설움 삼키며
이제 더 잃을 것도 없는
눈물 한 방울 빌릴 수 없는 날들
질긴 푸념들이 늘어놓는 안개 속
엇나간 통증의 은신처는 어딜까
혼잣말 중얼대며 햇살에 온기를 묻는다

어느 날

나 홀로 속 내보이며 거울 앞에 선다
슬금슬금 펴 오르는 주름 꽃
머리 웨이브를 만지작거리며
갇혀있던 먼 기억 속에서
열린 현재의 진실을 애써 외면한다

야윈 어깨 시드는 꽃잎에도
청바지 어울려 낭만 푸르던 날들
날리는 머플러로 짜릿하게 연출하고
기타 줄 튕겨가며 놀던 동무들

어느새 푸른 잎 계절을 넘나들더니
급한 물살 속으로 멀어져간 우정
그 시간의 기억 청춘의 거리 섞여 걸으며
푸름과 노년 거울 속에 갇혀 시소를 타고 있다

자화상

삶의 흔적 더듬으며
백지 위에 동그라미 그려보았네
늘어진 주름 그려 넣으니
골이 깊어 측은하고
두 눈을 그려 넣으면
야윈 모습 한 치 앞을 볼 수 없네

멀리 걸어온 길 그려 넣을까
그동안 꽃피운 길 더듬어보며
엷은 미소 한 줌 그려 보았네

그래도 마음은 청춘이어서
검은 머리 그려보려 올려다보면
이미 하얗게 색칠한 세월
입술을 그리려다 활짝 웃어 버리네

발 없는 신발

못골 시장 장바닥을
밀고 가는 저 사내
사라진 발 시려와 뒤집어쓴 폐가죽
옹이 박힌 손바닥 배밀이로 밀고간다

가장의 신발 한 짝
허리춤에 흔들리고
벌겋게 얼어버린 고단한 육신
손때 묻은 동냥 그릇
한술 밥이 차오른다

삶이 저리 쓰려올까
초라한 하루의 행상
마중 나온 초저녁별 어둠 길 밝혀가고
동행하는 곁 그림자 귀갓길 서두른다

세탁 골목

성에 낀 창 너머
올망졸망 옷 봉에 매달린 옷
세월만큼이나 낡은 벽에
누렇게 찌든 자격증이 웃고 있다

웃음 담긴 파티 옷
추억을 안고 있는 밍크 옷
땀 젖은 시간은 사계절 잊은 채
얼룩과 찌든 채취 움츠리고
한 땀 한 땀 늘이고 줄이며
무기력한 세월은 계절을 뛰어넘는다

새벽공기 가르며 헤진 날들을 말끔하게
새로 태어나 쫙 펴진 어깨
세상은 이렇게 사는 거라고
훈풍 바람이 외치는 골목

들국의 혼

낙화암 둘레 길을 걸으며
맑은 햇살에 눈 맞춤 하네
가는 허리 하늘하늘
풀 섶에 숨어 핀 너
푸른 물에 비친 얼굴
수줍은 보랏빛 여인이어라

꽃술 위에 달님 내려앉듯
덧없던 한때의 영화가 스쳐 가고
시린 손 허공 잡고 서 있는 너
가녀린 몸짓 흔들며
송이송이 푸른 하늘 올려 보네

온기 없는 너의 입술
절벽을 내려 보며 애달파 울었을까
맺힌 눈물 이슬로 피어나는
들국의 눈빛
저만치 가다 다시 돌아보네

완도의 멸막

누군가 올 것만 같은
수수깡 흙벽이 떨어져 나간 멸막 모퉁이
바늘 코마다 해풍 바람 움켜쥔 채
깁다 만 그물을 가둬놓고 있다

해풍에 살점을 내어줄 때마다
멸치 후리던 노랫소리 귓전을 맴돌고
아들을 기다리는 노모
빈 그물 사이로 한숨이 새어 나온다

부둣가 언저리마다
은빛 비늘들 풍경화를 그리면
고소한 비린내 흩어 놓고
살아서 뜬눈으로 말라가던 멸치 숲
힘겨웠던 사연들이
시월의 짧은 볕 속으로 숨어든다

구순에 넘는 노을

눅눅한 지하방 어둠이 깃들어갈 때
눈가에 검버섯 꽃처럼 번진 노인
윗목 영정사진 속 할미를 마주 보며
가슴속에 그리움이 뿌리내렸다

쌀 됫박 머리에 이고
절간을 오르던 그림자
잠긴 흔적 이곳에 이름 석 자 올려놓고
한날한시에 동행하길 꿈꿔왔는데
갈바람에 단풍잎 사그라지듯
한 서린 재를 담아놓은 단지

먼저 떠난 환청이 귓전을 맴돌 때
방 틈새로 기웃거리는 달빛
그는 할미를 만나려는 것일까
뻐꾸기 울음이 불러내고 있다

보리굴비

팔순의 노모에게 그 한 점 먹일 수 있을까
병원 옥상 먹구름은 우릉우릉 우는데
맥박이 반항하는 생과 사의 갈림길
통증의 신음들 기어 나오는 난전 같은 곳
쩐내 풍기는 보리굴비처럼 쪼그라든 육신
살 거죽에 비늘만 들썩인다
철 침대 따개비처럼 붙어있는 피붙이들
반나절 지나 이승에 돌아온 한 줄기 목숨
미라의 살점처럼 링거 줄에 생명을 이어간다

저승의 문턱은 잠깐 꿈이었을까
호흡 한 덩이 뱉어낸 노모의 밥숟가락에
보리굴비 한 점 뜯어 얹는다
합죽합죽 받아넘긴다
짭조름한 이승의 맛처럼
고개를 끄덕이는 저 흐릿한 눈빛

굴 따는 할망

풍랑을 몰고 온 파도 서서히 밀려 나가고
떨어질세라 갯바위 찰싹 붙어 굴 따는 할망
돈벌이는 바다가 전부라서
짠 물에 끔벅이는 녹슨 저울만 바라본다

썰물에 응축된 울화를 실려 보내며
길게 내뱉는 밭은 숨소리
쉴 새 없이 바구니 들락거린 손
손아귀 애써 힘을 주어도
비척이는 팔순의 중심을 파도가 부추긴다

차마, 말을 잇지 못하는 육신의 그림자
노동의 품삯처럼 매달린 사연
기적 같은 희망 하나
썰물 따라나선 내 새끼 돌아올까
노을에 꽃물 드는 할망

경비원

적막이 졸고 있는 자그만 공간
꾸벅꾸벅 허공에 눈을 붙인다
못마땅한 빗줄기 속
관리소 유리창에 튀어 오른 흙탕물들
빗물 닦아내며 소문 다독여도
물집처럼 불어나는 엉킨 마음들
다가설수록 집요하게 걸고넘어지며
그의 바짓자락에 끈덕지게 달라붙는다

부딪치는 자리마다
마음이 흔들리는 신입의 나뭇잎
연신 고개 숙여 굽실거리는
그 삶이 이만큼 아팠을까
약자의 분노에 젖은 마음 닦아주고
숨 가쁜 그의 감정, 납작 엎드리며
곧은 생각을 별 밭에 묻는다

고물상의 하루

간기 절어 삭은 저울 하나
생기 잃는 눈금이 비틀거리고
간신히 목을 가누었지만
생과 사를 제 몸에 올려놓고
얼마나 많은 무게를 읽었을까
눈물은 녹슨 바람 위를 걷는다

햇살, 나른히 졸고 앉아
숨 멎은 뜨락을 기웃거리고
허공에 내뱉는 담배 연기
오동나무 가지에 그늘을 풀어놓고
기척 없는 것들의 집착을 끊어낸다

어둠 속 가로등 끔벅거리고
눈먼 바늘의 무게를 읽어가는
코에 걸친 돋보기
구겨진 모습의 신음인 듯
애써 통증을 참는 해소 기침 소리가
설움 깊은 고목의 밑동을 재고 있다

해설

근원적 자연 관조와 존재론적 서정 미학
- 조병하 시인의 시 세계

월린 진순분
시인, 칼럼니스트

❦

　누구나 사람은 타고난 삶의 뿌리가 있다. 그것은 타고난 고유의 견고한 성정으로 일상을 살아가는 각자의 정체성으로 나타난다. 삶의 뿌리는 감성적 기반에 대한 철학적인 성찰로 이어지며, 그것은 고향과도 같은 자연과 모성의 본능을 함께 포함한다. 자연을 관조하며 자연에 순응하고 스스로 치유하는 것이라 할 수 있다. 여기에 흡사한 성향이 노장사상老莊思想인 무위자연無爲自然이다. 인위적인 것을 버리고 자연으로 돌아가는 지혜를 말한다. 이것은 인위적인 질서보다 자연의 섭리를 강조하며 깊은 위안과 울림을 주는 것을 뜻한다.

　첫 시집을 출간하는 조병하 시인은 2018년 《국보문학》으로 등단하였다. 그 이후 꾸준히 작품을 써오면서, 오직 작품성을 위해 절차탁마하는 자세로 매진해 왔다. 있는 듯 없는 듯 조용한 성품과 끈기의 시인이다. 한 마디로 다른

곳에 눈 돌리지 않고 시 쓰는 일에 초지일관 노력하며 활동해 왔다. 모든 사물에 시를 불러내고 대화를 하며 고향 의식에 뿌리를 두고 있다, 시는 인간의 감정을 담아내는 하나의 그릇으로서 인간 정신의 산물이다, 그 정신은 우리 삶을 풍요롭게 만들어준다. 시의 근원이 무엇인지를 묻고 그 근원으로부터 출발하려는 창작의 정신이 바로 조병하 시인의 시를 쓰는 의미이며 시작이다.

이렇듯 시인은 근원적인 깊이로 모든 세계와 보이는 자연을 관조한다. 시에 대한 존재론적 서정 미학을 추구하며 시인은 관조와 직관으로 사물을 바라본다. 시인은 의식의 흐름을 형상화하고 이미지로 그려내어 언어를 조탁하고 있다.

1. 시의 감촉을 발견하는 자아

겨우내 잉태한 움
발소리에 놀랄까
살금살금 다가가네
산허리 돌아드는 바람은
시심으로 파고들고
건네주는 시제는 가시 두릅
봄을 깔고 앉은 쑥 향은 동사를 부르고
벌름벌름 코끝으로 형용사 스며드네

봄의 외출은 꿈이었을까

계절의 언약을 불사르고

가시 끝에 목을 꺾는 너

잎 푸른 날 거친 호흡 뱉어내던

너의 어매를 똑 닮아간다고

바람이 일러주고 지나가네

- 「움」 전문

시의 제목인 "움"이란 풀이나 나무에 새로 돋아나는 싹을 말한다. 움은 하루아침에 나오는 것이 아니다. 겨우내 보이지 않게 양분 저장을 하기 위해, 가을과 겨울 동안 뿌리와 줄기에 에너지를 저장해 둔다. 이런 것이 다 움틀 때 필요한 연료가 되는 것이다. 겨울에는 생장을 멈추고 에너지를 아끼며 견디는 시기다. 추위를 견디고 생명을 보호한다. 봄이 오는 기미를 예민하게 감지하고 서서히 깨어날 준비를 한다. 봄이 되면 뿌리에서 물과 양분이 다시 위로 올라가고, 이 흐름 속에서 새 움이 트는 것이다.

바람은 시심으로 파고들며 '시제'는 가시 두릅이다. '동사'를 부르는 쑥 향과 "벌름벌름 코끝으로 '형용사'가 스며드는 것이다. '시심'으로 시작되어 시제가 나오고 동사로 쓰는 시와, 코끝으로 스며드는 후각 이미지는 형용사로 그려내는 시편이 된다. 언어의 발생, 혹은 자연이 시가 되는 과정을 형상화한다. 동사의 움직임, 형용사의 이미지는 곧 시의 구성요소이기도 하며, 자연이 시가 되어 탄생하는 순간이 되는 것이다.

연하게 새순이 올라오는 두릅의 목을 꺾으며 "너의 어매를 똑 닮아간다"라며 어머니를 닮아가는 유전인식이 바람을 매개로 전해져 깊은 여운을 남긴다. 모성母性의 존재는 삶의 치열함을 내뿜던 존재이며, 생명의 유전, 삶의 반복, 모성의 전승을 상징한다. 간결하면서도 상징이 풍부한 언어가 돋보이는 작품이다.

고요를 깨우는 청계 호수 물새들
빗살무늬 물 주름 겹겹이 드러내고
어미 품 철없는 끼로 비상하는 날갯짓

혹독한 가르침은 칼바람 등에 업고
엉킨 발목 절룩이며 홰를 치는 어미 마음
물갈퀴 후비는 몸짓 숨 고르는 춤사위

깊이를 탐색하는 안면 바꾼 물 밑 세상
살얼음 백지 위를 내딛던 걸음으로
시어를 써내려 가며 튀어 오른 물 알갱이

온몸에 열병 돌아 헤매는 몽환 한 줄
흘러드는 물살에 문장 하나 젖어 들면
시혼에 잠긴 그 뭇별 건져볼까 화색 돈다

–「호숫가의 책」 전문

청계 호수라는 구체적인 지명과 함께 호수의 풍경을 배경으로, 물새들의 생명력과 어미의 헌신을 그려내고 있다. 그리고 그 안에서 시를 길어 올리는 창작의 순간을 교차적으로 그려낸 서정시다. 자연의 움직임과 시인의 내면이 겹치며 현실과 상상이 맞닿는 몽환적인 분위기를 자아낸다. 청계 호수의 물새들을 정밀하게 관찰하며, 그 움직임을 통해 생명의 역동성과 어미의 사랑, 그리고 창작의 고통과 기쁨을 교차시켜 보여준다.

"물갈퀴 후비는 몸짓" "살얼음 백지 위를 내딛던 걸음" "시어를 써내려 가며 튀어 오른 물 알갱이" 같은 표현은 역동적이며 시 쓰기의 순간을 겹쳐 놓아 인상적이다. "문장 하나 젖어 들면" "시혼에 잠긴 그 뭇별" 등의 표현은 시 쓰기가 단순한 표현이 아니라 대상에 의한 몰입의 과정임을 터득한다. 시인은 시어와 영감을 수면 아래에서 길어 올린다. 정형시인 시조로 앉힌 운율과 절제된 시어의 품위로 한층 작품의 묘사와 이미지가 돋보인다.

이 시는 전체적으로 언어의 밀도가 높고, 이미지 중심의 감각적 표현이 풍부하다. 특히 "칼바람" "살얼음 백지" "튄 물 알갱이" 같은 시어는 긴장감을 높이면서도 이미지의 시적 상상을 동시에 자극한다.

2. 혈연의 의미와 긍정적 에너지

구부리며 반항하는 너
제 본분을 잊은 듯

삐딱하게 직선을 비튼다

너의 표현은 불만이 많다는 것

팽팽한 각도로 신경전을 벌이지만

달래보는 항변의 마찰 더욱 중심을 잃고

마침내, 나무는 우지끈

벌어진 틈새로 외마디를 지른다

한 몸으로 공존하며 못을 껴안는 나무

아버지 가슴속에 못질하던 말

그 마음 모른 채

박아놓은 못 같아 머리 숙인다

- 「못의 담론」 전문

못의 특징을 던져놓고 삐딱하게 직선을 비트는 모습을 전개한다. 2연에서 "팽팽한 각도로 신경전을 벌이지만"처럼 못에다 감정이입을 시킨다. "나무는 우지끈/ 벌어진 틈새로 외마디를 지른다"라는 상황에 접하고 "외마디를 지른다"에 이르러서는 시적 긴장감이 최고조에 달한다. 그러나 그다음은 잠시 상승한 분위기가 숨을 고르며 "아버지 가슴속에 못질하던 말"을 떠올리는 반전의 묘미가 생긴다. 시는 박아놓은 못과 가슴에 박힌 못을 형상화한다.

사춘기 자식의 반항적인 태도와 그에 상처 입는 아버지의 내면을 절제된 언어로 담담하게 묘사한다. 처음에는 구부러지고 삐딱한 못처럼 불만을 쏟아내며 부딪히지만, 결

국에는 못이 박히는 통증이 누구보다 가깝고 소중한 존재에게로 향했다는 자각으로, 자신을 성찰하는 심정이 시의 완성도를 높이고 있다.

어둠이 번져오면
가슴에서 우는 산 비둘기
새는 날아가는 것이 아니라
날아드는 것이다

날개 하나로
세상을 감싸안고
모진 세파 버텨내며
이제 편한 곳으로 몸을 뉘려
먼 곳 떠나는 길

내가 누구냐고 애타게 물어봐도
가슴만 들썩이는
구순의 어미 새

– 「마지막 비상」 전문

산 비둘기는 우리가 느끼는 산 비둘기가 아니다. "가슴에서" 우는 산 비둘기인 것이다. 새 = 어머니 = 존재의 상징이다. '새'는 단순한 생명체가 아니라, 삶의 모든 것을 감내해 온 존재, 곧 어머니의 상징으로 등장한다.

"새는 날아가는 것이 아니라 날아드는 것이다"라는 시구절은 죽음 혹은 떠남을 두려움이 아닌 안식과 회귀로 받아들이는 태도를 드러낸다. 어미 새는 세상에서 날아가려는 것이 아니라, 새끼들 가슴에 깊이 스며드는 존재인 것이다. "내가 누구냐고 애타게 물어봐도/ 가슴만 들썩이는"이 부분에서 이제는 영영 떠나는 그 순간을 침묵과 말보다 강한 울림, 세월이 켜켜이 쌓인 모성의 깊이를 나타낸다. 모진 세파를 "버텨낸" 어미 새는 슬프면서도 장엄하다.

"어둠이 번져오면"→ 죽음, 혹은 삶의 저녁이며 "날개 하나로 세상을 감싸안고"→ 어머니의 사랑이다. "먼 곳 떠나는 길"→ 죽음, 혹은 궁극적 평화의 세계로 인식한다. 이 시는 삶과 죽음을 담담히 마주 보는 시인의 시선과 모성의 무게를 조용히 되새기게 한다. 삶의 마지막 순간에 구순의 어머니를 통해, 묵묵한 사랑과 떠남의 숭고함을 절제된 언어로 그려낸 모성애의 진실한 감정이다.

3. 자연 생태계 생명의 존엄성

스스로 서지 못해
넝쿨손을 휘감는다
다리 없는 설움으로 여름 숲을 헤매고
팔 벌려 힘줄 늘인 채 목을 틀어 오른다

고목의 등껍질에
푸른 잎 너울대며

벌어진 돌 틈새로 양분 얻은 눈물 줄기
이웃을 감아 오르는 그 천성이 타고난 것을

가시 없는 흙살 위로
잉태한 숨결처럼
산기슭 뒤적이는 촌부 등에 생기 돌고
네 영혼 약초로 뭉쳐 혀끝으로 감전된다

- 「칡」 전문

칡의 특성을 의인화해 감정과 생명력을 불어넣은 이 시는 칡이라는 생명체의 생태적 특성과 상징성을 결합하여, 고단한 삶, 생명력과 의지, 그리고 치유의 이미지를 서정적으로 풀어낸 작품이다.

칡은 다년생 식물로, 겨울에도 얼어 죽지 않고 대부분의 줄기가 살아남는다. 목질의 줄기는 매년 굵어져서 굵은 줄기를 이루기 때문에 나무로 분류된다. 산기슭의 양지에서 자라며 적당한 습기와 땅속 깊은 곳에서 잘 자란다. 성장 속도가 빨라 한 철에 길이가 18m까지 자라기도 한다

은유적 표현인 "다리 없는 설움" "잉태한 숨결" "영혼 약초로 뭉쳐"의 시어 등에서 칡을 삶의 메타포로 전환 시키고 있다. 연약함 속의 강인함, 의지의 생명력, 그리고 자연과 인간의 교감을 다룬 작품이다. 시인은 칡이라는 식물을 통해, 자신의 부족함을 끌어안고도 꿋꿋이 살아가는 존재의 숭고함을 섬세하게 묘사한다.

특히 끝부분에 "산기슭 뒤적이는 촌부 등에 생기"를 표현하여 감각적 전환으로, 영혼이 약초라며 치유의 힘을 보여준다. 자연과 인간의 연결을 촘촘히 엮어낸 서정적인 생명의 시다. 약하지만 강하고, 기대면서도 성장하는 생명의 아이러니를 칡이라는 존재에 투영하여 따뜻하고 깊은 시선으로 바라본 시이다.

이슬, 살포시 다녀간 부추밭
봄볕 햇살이 따듯해지면
밭두둑 가슴 열고 살짝 내민 초록 눈
통통한 쪽수 뿌리는 꿈틀거리고
키재기를 하는 것처럼 쏙쏙 부푼다
파릇파릇 올라오는 저 힘
바람이 흔들고 지나가면
봄을 베러 나온 칼날 앞에
싹둑, 잘려 나갈 때마다
폴딱폴딱 넘나드는 청개구리

숨죽여 피는 이치는 알 수 없지만
아픈 숨결로 단단히 여문 꽃대
내 안에 펴놓은 푸른 결들 사이로
하늘이 풀어놓은 봄 들판
초록 물 번진다

– 「부추꽃」

부추는 언제나 베어내고 베어내도 자라고 또 자라난다. 늘 파랗게 한들거린다. 번식력이 강하고 생명이 순환되는 식물이다. 이 작품은 일상에서 건져 올린'부추밭'이라는 대상을 그린다. 시골의 친근한 풍경이자, 자연과 인간이 함께 살아가는 터전이기도 하다. "밭두둑 가슴 열고 살짝 내민 초록 눈"과 "통통한 쪽수 뿌리는 꿈틀거리고" 이런 표현들은 생명체로서의 식물, 그리고 그 식물과 교감하는 시인의 정서와 순수한 시선이 포착된다.

단순한 관찰을 넘어 감각과 언어로 생명을 건져 올리는 서정의 힘이 나타난다. 또한 "파릇파릇, 쏙쏙, 싹둑, 폴딱폴딱" 같은 의태어가 시 전편에 생동감을 준다. 생명을 잘라내는 농사의 행위가 단순한 수확이 아니라, 상처와 재생의 반복으로 그려진다. 그 과정에서 청개구리처럼 도약하고 살아 움직이는 존재들이 있다. 이 시는 그것을 부추의 몸, 뿌리, 꽃대에 빗대어 힘차게 들려준다.

4. 사물과의 교감과 서정성

한 공간에 머무르면
잘 맞는 궁합
칼금의 숫자만큼
세월에 잘려 나간 움푹 팬 상처는
괜스레 고여 오는 눈물 같은 것

뗄 수 없는 그 눈빛

마주 보며 들려오던 낭랑한 소리
울 어머니 두드리던 속울음 장단
빗금을 안고 살던 생의 도마였음을

옥수수 속대처럼 꺼끌거리던
연장처럼 닳아버린 무딘 손바닥
코끝이 찡해오는
꺼지지 않는 등불이었지

- 「도마소리」 전문

예전부터 도마는 부엌에서 음식 할 때 필요한 요리 도구이다. 도마라는 평범한 사물 하나를 통해, 세월과 어머니, 그리고 삶의 흔적과 정서를 담담하게 불러내는 사물시事物詩의 진수를 보여준다. 이 작품은 가정의 공간, 어머니의 삶, 그리고 그 모든 것을 감싸는 추억의 시간이 촘촘하게 배어 있는, 조용하면서도 뭉클한 서정시다.

"울 어머니 두드리던 속울음 장단"은 이 시의 백미이다. "연장처럼 닳아버린 무딘 손바닥"이란 꺼끌거리던 옥수수 속대 같던 어머니 손바닥이다. 다 닳아버린 연장이 되어버린 손바닥이다.

어머니의 노동이 단순히 '음식 만드는 일'이 아니라 고요한 눈물과 인내와 생의 박자로 형상화된다. '속울음 장단'이라는 표현은 슬픔을 직접적으로 드러내지 않고도 충분히 전달하는 어법으로 시인의 섬세한 감각이 엿보인다.

단 한 번 만난 그대와 나

빗나갈까 깨어질까

함께한 시간

통증 시린 밤이면 너를 달래며

휘어지지 않으려

더 꼿꼿하게 자존심을 세웠지

세월 앞에 녹슬지 않으려고

난 체하며 흔들리지 않으려고

비척거리며 한눈팔지 않으려고

모질게 살아온 시간

아래위로 맞물려온 만남

그래, 잘 맞춰진 인연이려니

아삭아삭

생밤을 씹어 보는 임플란트

– 「나사」 전문

'나사'를 매개체로 임플란트를 비유하여 쓴 이 작품은 의인화하여 흥미와 함께 긴장감을 불러온다. 첫 구절부터 "단 한 번 만난 그대와 나/ 빗나갈까 깨어질까"라는 표현은 완전히 연인관계로 생각하며 읽게 된다.

그러나 "통증 시린 밤이면 너를 달래며"에 와서는 의문을 제기하며 바짝 몰입하게 한다. 2연에서는 모질게 살아온 시간을 "녹슬지 않으려고" "흔들리지 않으려고" "한눈팔지 않으려고"라며 원인에 대한 이유를 새긴다. 3연 끝부분에 와서는 그야말로 대반전이다. "아삭아삭"이라는 의성어로 설득력이 강한 이미지로 "생밤을 씹어 보는 임플란트"라니 참으로 무릎을 치지 않을 수 없다. 시의 묘미를 가장 잘 표현한 인상적인 작품이다.

이 시는 사소한 사물을 통해 인간관계의 깊이를 드러내는 섬세한 시선이 돋보이며, 삶의 무게와 따뜻한 체념이 조화롭게 어우러진 시이다.

5.벽화를 그리는 여인

한낮의 그늘을 서로 나누며
따개비처럼 모여 사는 작은 마을
골목 정수리에 불어오는 바람은
통영의 봄을 깨운다
별 아래 고단한 삶
무시로 나타나며 사라지는 욕망
바다에 발목 잡혀 화석처럼 남은 가슴
골목마다 벽화의 꿈들이 뒤척이고

햇살을 담아 이고 오르는 언덕길
일탈을 꿈꾸며 숨어 피는 속 마음
붉은 가슴 내보이는 동백꽃
자연에 순종하는 섭리를

떠나는 배 한 척 바라보며

오늘도 벼랑길에 벽화를 그리는 여인

–「벽화를 그리는 여인」 전문

이 시는 통영이라는 구체적인 공간을 배경으로, 고단한 삶과 그 속에서도 꿈과 예술을 놓지 않는 한 여인의 모습을 섬세하고도 서정적으로 그려낸 작품이다.

"따개비처럼 모여 사는 작은 마을"은 서로 기대며 살아가는 서민 공동체의 정서를 잘 보여주며, 시 전체에 따뜻한 온기를 더해주고 있다.

시의 화자는 "벼랑길에 벽화를 그리는 여인"을 통해 한 인물을 중심으로 이야기를 끌어간다. 이 여인은 단지 벽화를 그리는 사람이 아니라, 그의 내면과 삶의 역정을 그림으로 표현하며 살아가는 존재로 상징된다. "붉은 가슴 내보이는 동백꽃"과 "일탈을 꿈꾸며 숨어 피는 속 마음" 이런 표현들은 여인의 예술적 시도와 삶을 시적으로 전달한다. 벽화는 단순한 그림이 아니라 고단한 삶과 꿈, 욕망이 투영된다. 여인의 내면과 삶의 잔상을 보여주는 감정의 언어들로 표현하여 공감을 준다.

"햇살을 담아 이고 오르는 언덕길"은 시각적 이미지와 동시에 무언가를 감내하며 오르는 삶의 태도를 함축한다.

골목 마을의 정취, 여인의 삶, 그리고 예술로 피워낸 희망과 치유를 섬세하게 그려낸다. 통영의 바다 마을을 배경으로, 삶의 고단함과 예술적 꿈이 어떻게 공존하는지를 시적인 이미지로 풀어낸다.

　　가을볕 한 자락 당겨 덮고
　　그 속에 숨은 얼굴
　　땡그랑 던져지는 동전 몇 닢에
　　때 낀 발가락 솜털을 세운다
　　무료 급식, 점멸등 눈치 아래
　　수군거리며 굴러온 낙엽들
　　일요일은 공복이라는 한숨 소리
　　시린 바람 안고 십자가를 바라본다

　　빈 입맛에 설움 삼키며
　　이제 더 잃을 것도 없는
　　눈물 한 방울 빌릴 수 없는 날들
　　질긴 푸념들이 늘어놓는 안개 속
　　엇나간 통증의 은신처는 어딜까
　　혼잣말 중얼대며 햇살에 온기를 묻는다

-「노숙자」 전문

　이 시대 각박한 세상을 살아가는 현실 인식과 노숙자를 바라보는 시각을 그려낸 작품이다. 우리 사회에서 가장 소외된 자의 결핍을 표현하고 있다. 그러면서 사라지지 않는 인간의 존엄성과 감정을 깊이 있게 포착하고 있다. 겉으로는 일상적인 풍경처럼 보이지만, 그 안에 숨겨진 삶의 고통과 절절한 감정이 강하게 배어난다.

사회적 그늘에 놓인 한 인간의 내면을 묘사하며 '무료 급식' '점멸등' '동전 몇 닢'같은 현실적인 이미지들이 시의 배경을 구체화한다. '때 낀 발가락'과 '설움' '질긴 푸념'같은 표현은 감정의 층위를 한층 깊게 만든다. 외롭고 추운 현실 속에서도 십자가를 바라보는 시선, 햇살에 온기를 묻는 행위는 절망 속에서 끝내 놓지 않는 희망의 흔적으로 다가온다.

지금까지 조병하 시인의 시집 전체 총 5부로 테마를 나누어 살펴보았다. 첫 번째 주제 "시의 감촉을 발견하는 자아"에서는 시를 쓰며 행복 증후군을 즐기는 시인의 감성을 살펴보았다.

두 번째로 "혈연의 의미와 긍정적 에너지"의 주제에서는 고향 의식에 뿌리를 둔 부모님과 가족 그리움의 정수를 생각하게 하였다.

세 번째로 "자연 생태계 생명의 존엄성"은 시인이 어릴 때나 지금이나 자연의 배경과 환경 속에서 생활하며, 식물이나 하찮은 생명의 존엄성에 대해 노래한 것을 포착했다.

네 번째로 "사물과의 교감과 서정성"의 주제에서는 '도마 소리'나 '나사' 같은 사물에 말을 걸고 감정이입 시키는 표현 기교를 보여주었다.

다섯 번째로 "고단한 삶의 뒤안길"의 주제의 시편은 '벽화를 그리는 여인'과 '노숙자'같이 소외되고 고단한 삶을 사는 시민과 우리 사회의 한 측면을 살펴보았다.

이 시집을 정독 한 결과, 한결같이 시의 몸짓과 숨결이 생생하게 살아 움직이는 완성도 높은 작품이라는 걸 알 수 있었다. 이것은 평소에 시인이 꾸준히 노력하는 자세로 시를 써왔음이 증명된 것이다.

지금까지 시인은 어떠한 일이 있어도 오직 한 가지 시작 詩作에만 심혈을 기울여왔음을 알 수 있다. 그것은 여러 각도에서 다양한 시를 쓰고 있음이다. 또한 묵묵히 열정을 다해 시편을 갈고 닦아온 길이기도 하다.

시는 경험에서 오는 서정의 충동과 상상력으로 쓴다. 사물이나 세계를 지적이고 이성적인 의미로 파악하는 것은 과학이지만, 상상력으로 파악하는 것은 '시적인 것(poesie)'이다. 훌륭한 시는 훌륭한 상상력으로 쓰인 시라는 것을 깨닫게 된다.

"시는 언어의 연금술鍊金術"이라고 했다. 이 말은 시를 쓰는 작업은 시 정신을 가다듬고 내적 체험을 응결시키는 일이며, 언어와의 대결이라는 점을 지적한 것이라 볼 수 있다. 언어를 깎고 다듬고 손질하고 매만져서 그 정수精髓를 캐내는 일이 곧 시인의 시작 과정이라고 할 수 있다.

조병하 시인은 어릴 적부터 시골 마을에서 자연을 벗하며 성장하였다. 나이 들어서도 조용한 산골 마을에 제2의 안식처로 정해놓고 다니며 자연과 가깝게 살아왔다. 풀벌레 노크와 새소리를 들으며 조용히 관조하며 서정시를 추구해 왔다. 이렇듯 순수 자연의 서정성을 지향하며 시의 길을 걸어온 것이다. 앞으로 더욱더 깊이 있는 상상력으로 시 창작의 꽃을 활짝 피우기를 기원한다.

"나는 피로 쓴 것만을 사랑한다. 글을 쓰려면 피로 써라. 그럼, 당신은 피가 곧 영혼임을 깨닫게 될 것이다" *Friedrich Wilhelm Nietzsche* 니체가 이러한 말을 했듯이 치열하게 글을 쓴다는 것이 참 중요하다.

앞으로의 시 쓰기는 자연을 깊이 있게 본질과 삶의 의미를 성찰하고, 그것을 감성적이고 시적인 언어로 형상화하는 일이다. 또한 철학적 접근으로 내면의 아름답고 절제된 언어가 독자의 가슴에 새겨지기를 기대한다. 그렇게 독자의 마음속에 파고들어 감동의 여운이 오래 남기를 간절히 바라는 마음이다.